AF434083

JORGE ANDRÉS LOZANO RIVAS

AFORISMOS, FRASES Y MÁS POEMAS

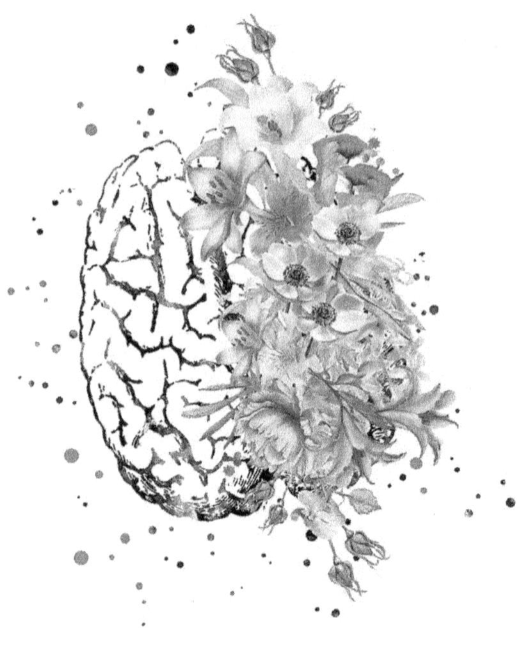

Cada persona establece para sí reglas de vida, códigos de
conducta que representan sus ideales, sus pensamientos e incluso
sus sueños.
Cuando un artista plasma en cortas oraciones lo que mora en su
corazón y su mente, surgen brillantes frases y aforismos con los
que miles de personas se deleitan, se identifican y se inspiran.
Importa poco si cada célebre sentencia es el reflejo fiel de su
autor o es tan sólo otra obra magistral de su imaginación; pues
no representa necesariamente una verdad absoluta. Cada frase
existe como propuesta con potencial de ser aceptada por quien lo
requiera.

JORGE ANDRÉS LOZANO RIVAS

AFORISMOS, FRASES Y MÁS POEMAS

Prólogo

Jorge Andrés Lozano Rivas nunca se ha considerado a sí mismo como un poeta y mucho menos, como un pensador filosófico modernista. No obstante, desde sus primeros años de vida, guiado por una voz interna que le instaba a una misión superior y altruista, tomó la decisión de intentar entregar un mensaje a la humanidad a través del arte escrito y literario.

Una de las formas de las que se ha valido el autor colombiano para comunicarse con el mundo es la redacción de frases que, aunque iniciaron como un simple experimento y pasatiempo en redes sociales, han trascendido a los medios de comunicación hasta superar incluso barreras lingüísticas, religiosas, políticas, culturales y sociales; pues han llegado al alcance y conocimiento de personas en diferentes países y rincones del planeta.

Este libro contiene una recopilación de las frases, refranes y aforismos más emblemáticos —y los más ocurrentes— hasta la fecha, así como una pequeña dosis de poemas inéditos atribuidos a Jorge Andrés Lozano Rivas, a quien no bastándole con despertar en su audiencia nuevas reflexiones y profundos cuestionamientos existenciales, a veces sólo pretende divertir y entretener.

1. FRASES Y AFORISMOS DE AMOR

En el mundo, sólo hay dos verbos que no se pueden conjugar en todos los tiempos: "Soler" en futuro y "Amar" en pasado.

✳

Todos buscan a la persona perfecta... los que la encuentran, se dan cuenta que no la merecen.

✳

La mujer que ama, es capaz de perdonar una infidelidad. El hombre que ama, jamás sería infiel.

✳

La mayoría de las mujeres aman con el corazón, la mayoría de hombres aman con la "cabeza"; pero muy pocos hombres y mujeres, aman con el cerebro.

✳

La crueldad del odio femenino... solo puede ser superada por la Maldad de su Amor.

✳

En un mundo de seres racionales, valiosos y leales, el "amor eterno" sería una redundancia.

✳

Yo prefiero el odio declarado, por encima del amor mudo.

✳

La mujer vuelve al hombre despreciada, para buscar de él rastros de AMOR en su insensible beso. El hombre vuelve a los brazos de aquella enamorada, porque no encontró en otras carnes ni vestigio de sexo.

✳

Dicen que en el mundo solo hay dos cosas eternas: El diamante y el amor. Uno, es muy difícil de encontrar; el otro, aún no se sabe si existe.

✳

La mayor ironía del amor es que sólo descubrirás que es verdadero, cuando te des cuenta que fue el último.

✳

Es mejor estar solo por amor, que intentar amar por soledad.

✳

El amor se puede encontrar en cualquier parte; pero el peor error de la vida, es buscar el amor en todas partes.

Muchos queriendo compartir su vida con alguien, sin nada que ofrecer. Otros, con mucho que dar y sin alguien que lo merezca.

❆

Todos buscan a la pareja perfecta; al final terminan conformándose con la que se merecen.

❆

Quien busca a la persona perfecta pierde su tiempo; sólo alguien que también es perfecto, podría identificarla.

❆

No es coincidencia que el cerebro se encuentre más arriba del corazón.

❆

La humanidad ha olvidado que todo en el mundo material tiene sus límites; el de la tolerancia es la indulgencia, el del amor: la estupidez.

❆

Existen vidas tan tristes que hasta la soledad les huye.

❆

Mis ojos tienen sed de tu aroma, mis manos quieren besar tu voz, quizás te parezca broma: tú y yo, nunca más seremos dos.

✷

Lo malo no es buscar a la persona perfecta, lo malo es encontrarla y querer cambiar lo que la condujo hasta su condición de perfección, por una vida contigo.

✷

A veces me pregunto: ¿Qué es peor? Si los niños que juegan a la guerra o los niños que juegan al amor.

✷

El noviazgo: La promesa certera de una fantasía incierta.

✷

¿Y dónde está el amor? ¿Acaso es una fantasía incierta de consolación? o ¿es tan sólo el vestigio fósil de un recuerdo?

✷

Cuando escasean las palabras, el último recurso disponible es un vacío "te amo".

✷

Es posible decidir con quién estar, difícil escoger a quién amar, imposible elegir por quién ser amado.

❁

La capacidad de conquistar el mundo, pierde su sentido cuando no tienes a quién entregárselo.

❁

La facilidad de obtener Sexo es directamente proporcional a la dificultad de encontrar Amor.

❁

De la misma forma en que cada vez hay más artistas y menos Arte, en este mundo cada vez hay más amantes y menos Amor.

❁

Un día desperté y me di cuenta que tanto hablar, pensar y soñar sobre el amor, me había convertido en esa clase de hombre que habla, piensa y sueña, obsesionado por lo que ya no existe.

❁

Cuando se ama de verdad, la vida no basta; se procura toda esta vida, y un poco más.

❁

Quien te quiera por lo que das te odiará por ello,
cuando le hayas dado todo.

✳

De tanto buscar al amor se perdió, y el amor no le
pudo encontrar jamás.

✳

No existe tal cosa como una media naranja, existe
quién puede hacer de una naranja completa, la más
bella y mejor.

✳

Es más fácil apoderarse del mundo que conquistar un
corazón. Con el primero se es dueño de un planeta,
con el segundo, se es soberano de un universo.

✳

Existe una diferencia abismal entre luchar por amor y
mendigar amor.

✳

Sólo cuando existe allí, al menos un corazón que te
quiere, puedes llamar a un sitio hogar.

✳

No existe amor verdadero si no hay algo que sacrificar.

❋

La mayor libertad es una atadura compartida, la mayor libertad: es la que te ata con aquella persona que te liberó de todo lo irrelevante de este mundo.

❋

El amor es una independencia compartida, es la libertad que te hace prisionero de otra alma.

❋

No sé si estoy dormido o despierto, no sé si quiero estar vivo o quiero estar muerto. Sólo sé q en los momentos inciertos, cuando estoy perdido, en ti me encuentro.

❋

El amor no es un juego y si lo fuera, sería el único donde en vez de ganar quien llega primero, triunfa quien queda de último.

❋

Cada vez que nace un verdadero amor, mueren dos orgullos.

❋

Si a veces digo que el amor ya se acabó, es porque yo me lo robé todo para entregárselo a la mujer indicada.

Vivimos por y para el amor, quien diga que no tiene tiempo para él: es porque su vida carece de sentido o tal vez, porque pretende a más de un amor.

A veces el amor me resulta tan parecido a un dinosaurio: extinto, pero nadie sabe con exactitud desde cuándo ni cómo; tan sólo quedan sus huesos, con los que cada persona crea su propia versión; la única esperanza para conocerlo: un buen clon.

La pasión es intensa, poderosa; sin embargo, es un fuego enceguecido y finito. El amor es perseverante, inmutable, es calor imparcial y justo, es un abrigo eterno. Mejor que hacer las cosas con pasión, es hacerlas con amor.

La única discusión y contienda que debe existir en una relación, es la de quién quiere más.

Quédate con quien te inspire a ser mejor cada día, no con quien quiera cambiarte toda la vida.

❋

Curiosa humanidad, fácilmente irascible, veloz para el odio; pero cuando de amor se trata: ¡Qué miedo ir rápido!

❋

Es difícil encontrar un gran amor, con esta soledad tan celosa.

❋

Hay quienes malgastan su tiempo ocultándose del amor, ignorando que el amor tiene toda una eternidad para encontrarte.

❋

Podrás haber leído mil libros y haber escrito unos cuantos, podrás haber cursado post-grados, dictado congresos, ofrecido conciertos y quizás, hayas enfrentado y vencido a la muerte un par de veces. Pero siempre encontrarás una persona que te deja sin palabras, que te hace temblar de nervios y hasta parecer un completo estúpido, aunque Feliz.

❋

No regales la Luna a quien no tiene un cielo donde guardarla.

❋

Siempre habrá alguien con más belleza, con mejor cuerpo, más inteligente, con mayor carisma, con más dinero; pero cuando amas de verdad, no hay alguien mejor.

❋

El cariño se puede demostrar en cualquier momento. El verdadero amor se demuestra sólo con las pruebas que impone la vida.

❋

Sólo aquella persona que valora lo que soy y sabe quién puedo llegar a ser, merece lo que tengo y lo que puedo llegar a tener.

❋

Jamás podré encontrarte, si no me encuentro primero a mí mismo.

❋

Quizás el AMOR es tan sólo una fantasía; pero con ella olvidamos cuán horrible es la realidad y cuán horribles son las personas. En ese sentido, el amor también es FÉ.

❋

El amor es un sentimiento que surge del verbo
"amar" y no al contrario. Por ende, el amor no se
acaba ni deja de existir. Simplemente, las personas
dejan de amar.

✻

Diversión NO es sinónimo de felicidad; ni sacrificio es
su antónimo.

✻

No es posible para un insecto explicar el viento, pero
aun así despliega sus alas hacia él y se eleva hasta
lugares más allá del horizonte. Algo así pasa con los
humanos y el amor.

✻

Si "querer" es poder, imagina lo que será "amar".

✻

Ama como si fueras a morir hoy y deja al odio
siempre para mañana.

✻

Cuanta pasión se desborda de un alma joven, grande
en corazón y pequeña en conciencia. A medida que se
comprende la naturaleza y se superan las vicisitudes
de las interacciones humanas, la pasión mengua y

pasa de ser un rebase hormonal a ser remanente del
amar.

✻

2. FRASES Y AFORISMOS DE AMISTAD

Un amigo es como una estrella, aunque esté muy lejos brilla para ti; pero con más fuerza en los momentos oscuros de tu existencia.

❊

Los verdaderos amigos son como las estrellas, se aprecian mejor en la completa oscuridad.

❊

Cuando muere alguien no se pierde sólo a una persona, se muere un futuro, se pierden momentos que ya no existirán; de lo que antes fue una vida, de quien antes tenía el potencial de brindar alegría, ya sólo quedan las historias, historias que también morirán algún día, en la mayoría de los casos.

❊

No se equivoquen, para hacer la PAZ con nuestros enemigos, no es necesario hacer la GUERRA con nuestros amigos.

❊

Cuando muere alguien: se ignoran sus errores, se recuerdan sus buenos momentos, se valora su arte, se le extraña y hasta se le perdona.

3. FRASES Y AFORISMOS DE SUPERACIÓN Y ÉXITO

El Camino a la excelencia no tiene límite de Velocidad.

❁

La felicidad es una fuerza en movimiento. Nunca dejes de estar junto a ella.

❁

Procura que la perfección sea lo último; todo lo que sigue después, es decadencia y retroceso.

❁

Si alguna vez te rindes, que sea porque ya Ganaste.

❁

Sólo existen dos clases de soñadores: Los que se despiertan para vivir sus sueños y los que se duermen para dejarlos morir.

❁

Hay quienes no pueden mejorar como personas y sólo les queda intentar opacar la imagen ajena.

❁

El buen piloto se conoce por su aterrizaje, no por su despegue.

❉

Con el tiempo aprenderás que la vida no se mide en años, se mide en experiencias. No hay tal cosa como un año mejor que otro, sólo existen momentos diferentes.

❉

En cada nuevo lapso, el ser humano se pregunta: ¿Fue este tiempo mejor que el anterior? Cuando en realidad debería cuestionarse: ¿Fui yo en este ciclo, una mejor persona que en el pasado?

❉

No importa cuando sea el final, lo que importa es que tan preparado estás para asumirlo.

❉

La vida es una ronda de póker: No puedes cambiar tus cartas iniciales, de ti depende darles el valor necesario para triunfar.

❉

Algunas personas sólo tenemos dos opciones: Cambiar el mundo o Cambiar de mundo.

❉

A veces basta con generar una sola sonrisa para cambiar la historia del universo. ¿Cuántas veces al día intentas cambiarla tú?

❄

El destino es el producto de las acciones. La mente imagina y el corazón sueña; pero son las manos las que crean caminos, la boca la que traza un rumbo y los pies quienes vencen los obstáculos.

❄

Que tu vida sea un sueño del cual te quieras levantar siempre tarde; y aunque a veces desees despertar antes, procura que tu alarma la maneje solamente Dios.

❄

Más triste que perder una batalla, es no estar dispuesto a enfrentarla.

❄

Una sola golondrina no hace verano, pero un solo Sol ¡Sí!

❄

Cada acción que hagas en este mundo, la vida te lo devolverá a crédito, con intereses altos y a muchas cuotas. Entonces ¿Qué vas a hacer hoy?

❋

Si lo que tienes, no es para el servicio de los demás, ni es de utilidad para el mundo, entonces tienes nada.

❋

Si algún día me voy para siempre, quisiera quedarme por siempre.

❋

Si ves a otros llegar a la cima y tú aún no lo has hecho, ¡No te preocupes! Con seguridad tú estás escalando un monte más alto ¡Nunca te rindas al subir!

❋

Cada vez que me siento superior, miro al cielo y las estrellas me recuerdan lo insignificante que soy. Cada vez que me siento insignificante, miro al cielo y Dios me recuerda que está conmigo; entonces, todo es posible.

❋

Que tu meta nunca sea ganar más o ascender; preocúpate por disfrutar las cosas que haces y hacerlas lo mejor posible, así las retribuciones y los ascensos llegarán solos.

❋

Al encontrarte con alguien de un talento superior, tienes dos opciones: Admirarlo o envidiarlo. Por eso no te angusties cuando te odien sin conocerte, ellos simplemente ya tomaron su decisión ante tu superioridad.

❀

Quien acepta que tiene mucho que aprender, es quien más cosas tiene que enseñar.

❀

Para lograr grandes cambios hay que cerrar ciclos, centrarse en lo esencial, nunca dejar de moverse y siempre, hacer lo correcto.

❀

Quizás es cierto: en este mundo cuando quieres ser bueno, ser correcto, hacer las cosas bien: te va mal; pero es el único momento en que tu alma es realmente feliz.

❀

Hazme fuerte para vencer al mundo, pero aún si me haces el más fuerte, no me dejes enfrentarlo solo.

❀

Si eres malo en algo: te criticarán, si eres bueno: te explotarán, si eres extraordinario: tratarán de tomarte cautivo y/o te bloquearán ¿Mejor ser invisible?

❋

¿Vale la pena ser bueno en este mundo? La respuesta es NO. La ley beneficia a los malos, las empresas prefieren contratar al malo que cobra poco y hasta las mujeres, eligen al malo que gana mucho. Pero hay quienes son eternos, hay quienes no son de este mundo; hay quienes en la eternidad gozarán haber sido buenos, en un mundo que no les conoció.

❋

Hay días de sacrificio y otros de placer, pero todos son de placer cuando eres consciente que cada sacrificio trae su recompensa.

❋

No importa de dónde vienes, sino a dónde vas.

❋

Podrás olvidar de dónde vienes, podrás dudar de quién eres; pero nunca dejes de caminar hacia dónde vas.

❋

Nunca detenerse, eso se llama vivir.

✳

Todos somos parte de un mismo cuerpo llamado
universo.

✳

Ningún triunfador verdadero, venció en su primera
batalla.

✳

Para muchos la vida es una competencia, una carrera.
Hablando en términos deportivos, la veo más como
una vuelta olímpica. La vida es una especie de
antorcha espléndida que por el momento sostengo
con fuerza y quiero que arda con el mayor brillo
posible, antes de entregarla a las futuras generaciones.

✳

Los sueños seguirán siendo sólo sueños, mientras
sigas durmiendo.

✳

Camina y camina sin parar, hasta dejar huella.

✳

La excelencia y la virtud, te convierten en un reto para los demás. Para los exitosos, de superarse; para los mediocres, de destruirte.

❀

Cuantas maravillas logrará el ser humano, cuando comprenda que el más pequeño de sus actos puede estremecer al mismo universo.

❀

Peor que alguien arrogante, es alguien arrogante que nada tiene y que nadie es.

❀

Existe una diferencia abismal entre "Hacer lo posible" y "Hacerlo Posible". No es cuestión de un espacio gramatical, es cuestión de actitud.

❀

Algún día despertaré y me daré cuenta que mi vida no es lo que soñaba, sino mucho mejor.

❀

Creer que puedes cambiar el universo no es una utopía, es tener conciencia.

❀

Está permitido cansarse; pero es inaceptable rendirse.

❋

De un problema no sólo traigas la solución, ven también con una nueva idea de empresa.

❋

Esperar en Dios, es la única espera que implica obligatoriamente actuar, hacer y obrar.

❋

Ser más exitoso, más atractivo, tener mejor cuerpo, ser más inteligente, tener más títulos, desarrollar nuevos talentos, ser millonario; nada que seas o tengas te hace un mejor ser humano, sino está dispuesto al servicio de los demás.

❋

Las victorias traen alegrías; pero en la mayoría de veces, también jactancias. Las derrotas por su lado, siempre son aprendizajes y crecimiento.

❋

4. FRASES Y AFORISMOS SOBRE LA BELLEZA Y LA MUJER

Mujeres: rápidamente se convierten en ilusión y aún más rápidamente en desilusión.

❊

El mundo está inundado de personas bonitas, lindas y hermosas; pero carece de personas buenas.

❊

La naturaleza nos enseña que entre más hermosa la flor ¡más espinas! y entre más colorido el animal ¡mayor su veneno!

❊

Se conoce a un buen hombre cuando no tiene precio su conciencia; se conoce a una buena mujer, cuando no tiene precio su dignidad.

❊

El hombre ya no tiene buenos dirigentes para elegir y las mujeres ya no tienen buenos hombres para escoger.

❊

No es que ellas carezcan de gusto, simplemente escasean las opciones.

❊

Cuando quiero ver la omnipotencia de Dios, contemplo el universo; si quiero ver su infinita paciencia y amor, busco un espejo; pero si quisiera admirar la plenitud y perfección de su obra, bastaría con verte a ti, Mujer.

❇

La luz de las estrellas más brillantes y cercanas, suele opacar a las demás.

❇

Corrompe tanto el poder al hombre, como la belleza a la mujer.

❇

El orgullo de una mujer no debería estar en la mayor cantidad de hombres que está detrás de ella, sino en la menor cantidad de hombres que merece estar a su lado.

❇

Lo bonito está en el ojo del observador; la verdadera belleza, en el alma del observado.

❇

A la mujer se conquista a través del oído, se le excita en el cerebro y se le enamora dentro del corazón.

❈

La verdadera belleza no se acaba, no se agota, no se envejece. La verdadera belleza no se descubre con los ojos, se encuentra en ellos; pero no todas las almas son aptas para percibir la verdadera belleza.

❈

Me permitiré hacer una analogía entre la aeronáutica y el concepto de estabilidad sentimental para la mujer común: Un avión es estable, aún en llamas y cayendo, si tienes puesto el cinturón de seguridad.

❈

Existen rostros y cuerpos excesivamente hermosos. Tan hermosos, que hacen ver horrible a su corazón.

❈

Las cirugías permiten corregir la obra humana. Ridículo, estúpido y pretencioso pensar: que pueden mejorar la obra de Dios.

❈

Es cierto que los caballeros no tenemos memoria; pero aún más cierto, es que sólo las damas merecen ser recordadas.

❈

Entonces la vi. Fue amor a primera vista, fue una entrega total, una conexión inmediata. Con sólo verla, supe que podría confiar en ella, que sería un amor eterno; yo daría mi vida por su vida y ella daría la suya por mí. Entonces la vi, la mujer más hermosa que jamás había visto, sabía que jamás la cambiaría por otra alguna, jamás la abandonaría mi mente, ni la olvidaría mi corazón; su sonrisa y mi sonrisa, nos entrelazaron por siempre. Ese fue el día en que nací.[1]

❀

En la vida siempre encontrarás tres opciones o tres caminos: El más fácil, el más seguro y el Mejor. El Mejor no está asegurado, ni es fácil.

❀

Si una mujer escucha lo que quiere, ve lo que quiere y entiende lo que quiere; seguramente cuando hable, NO dirá lo que quería decir.

❀

Está en la naturaleza y genética de la mujer el conformarse con poco; de lo contrario, todos los hombres estarían solos.

❀

---

[1] Escrito compuesto a la madre del autor, para el Día Internacional de la Madre.

Todo lo físico cansa, todo lo material termina. La belleza es lo único que, siendo físico, generalmente se acaba antes de cansar y aburrir.

❊

Existe una belleza que cansa y hay otra belleza que se cansa; ninguna de las dos vale la pena.

❊

Toda la creación de Dios es perfecta,
Aunque algunas cosas me generan más exaltación:
La belleza de un paisaje, el perfume de una flor, la fuerza de lo salvaje, el brillo del sol, la ternura de la brisa, la eternidad del amor. Todo esto reunió Dios en la mujer para hacer del mundo, uno mejor.

❊

Si los ojos son las ventanas al alma, entonces no existen "ojos hermosos"; la belleza de una ventana no está en la forma, en el color, en el tamaño, sino en cuanta luz pasa por ella.

❊

La belleza del alma puede lograr que se vea hermoso lo físico, lo exterior. Es una lástima que esta virtud no funcione en sentido contrario.

❊

Todos hablan del cuerpo soñado ¡Cuán fácil es tenerlo! Pero nadie habla de la mente o del alma de sus sueños ¡he ahí la verdadera belleza!

✻

¡Hombre! Sienta cabeza, aléjate de las fiestas innecesarias y los excesos, ama a una sola mujer, sé fiel, ansía un compromiso real, no dejes de creer en el amor verdadero:
Y verás cómo todas las mujeres se alejan de ti.

✻

Cuanta maldad, dolor y tristeza, pueden ocultarse entre la belleza.

✻

En ese sentido, las mujeres son un paraíso al cual se accede construyendo uno propio.

✻

La mujer que pretende ser igual a un hombre, es la más machista.

✻

5. FRASES Y AFORISMOS DE LA VIDA MODERNA

Cada vez se sabe más de sexo o pasión pero se sabe menos de amor. Cada vez se sabe más de filosofía y religión, pero menos de Dios. Cada vez se sabe más de una ciencia o profesión, pero se ignora más qué significa ser humanos.

❋

Vive cada día como si fuera el último; pero de tal forma que no te arrepientas al siguiente.

❋

El cuerpo humano es un bien comercial que se devalúa con el uso.

❋

Hoy sois testigos de la debacle. La democracia no existe si la lidera la ignorancia y la amnesia, si se aplaude la muerte y la injusticia, si las mismas víctimas de la corrupción y la violencia ven luz de esperanza en sus victimarios. Sólo sabéis quejaros de vuestros propios errores reincidentes, nada más podéis ni sabéis hacer patria patéticamente ignara; por eso, hoy sois testigos de vuestra propia miseria.[2]

❋

---

[2] Mensaje escrito por el autor ante la elección a la alcaldía, y la posible elección presidencial, de los disidentes guerrilleros en Colombia.

En un mundo de silicona, el músculo será rey.

❀

El postre, siendo siempre segundo... Nunca querrá ser
plato principal.

❀

No es posible para una mujer ser "mala" con un
hombre, cuando éste no está enamorado de ella.
Tampoco es posible que un hombre sea "bueno" con
una mujer, si éste no está enamorado de ella.

❀

Te amo auténtica, real, legítima, original, única,
tangible, exclusiva. El mundo ya está saturado de
"clones voluntarios" y de "comercialización en masa".

❀

Todos dicen estar en busca de la felicidad, hasta que se
pierden. En ese punto, empiezan a buscar sólo la
satisfacción.

❀

Gran diferencia existe entre una mujer y una niña: la
primera sabe muy bien de qué se trata el amor; la
segunda, apenas conoce de qué habla la pasión.

❀

¿Dónde están la comunicación, el respeto, la fidelidad
y el amor? —Creo que hace unos años los negociaron
por dinero, conformismo, una imagen y un círculo
dorado.

✳

Cualquiera puede tatuarse un corazón en la piel.
Valiente quien se atreve a tatuarse un sentimiento en
el corazón.

✳

Cada día hay más "mentes abiertas", en cabezas cada
vez más vacías.

✳

¡Cuidado! Abrir tanto la mente, puede generar la fuga
o la caída del cerebro.

✳

Tantos soñadores intentando cambiar el mundo; pero
la mayoría ignorando si el mundo realmente quiere
ser cambiado.

✳

Hay muchos que queremos salvar al mundo; pero no
todo el mundo puede, ni debe, ni quiere, ser salvado.
Fíjate a quien ayudas

✳

Muchos soñando con cambiar el mundo, ignorando
que hay quienes sueñan con que el mundo siga igual.

✳

Se empeñó tanto en arreglar y cuidar la fachada de su
casa, que todo en su interior se deterioró y su tesoro
más preciado, fue robado por la puerta de servicio.

✳

Tengo por certeza que el amor es más que un contrato
y el compromiso más que una firma; pero no se dejen
engañar, la unión libre es un lazo invisible que ata o
desaparece según conveniencia, es la máxima
exaltación de los beneficios sin compromiso.

✳

Y así, cuando se acepta lo inaceptable, cuando se
naturaliza lo aberrante, cuando se aplaude lo
reprochable, ya sabes que es el final.

✳

Vivimos en una sociedad tan decadente, que algunos
confunden compromiso, fidelidad y lealtad con falta
de libertad.

✳

Y entonces te das cuenta que ya no existen "personas",
si no las creaciones de los medios, de las redes sociales
y sus clones o fotocopias.

✳

Por estos días se canjea mucho la belleza de la mujer
por el del hombre. Me parece un trato de lo más justo,
la primera empieza a decaer después de los 30's y la
segunda puede desaparecer en cualquier momento.

✳

Cada vez hay menos mujeres y más muñecas; cada vez
hay menos hombres y más sujetos disfrazados de
ellas.

✳

Cuando pasas toda tu vida corriendo, cada día se hace
más difícil encontrar a alguien que te siga el paso.

✳

No me sorprenden los lobos que visten de oveja, son
muchos y fáciles de detectar; pero sí me aterrorizan las
ovejas vestidas de lobo, significa que vivimos en un
mundo en el que el mal prevalece y la esperanza se
pierde.

✳

Negar a Dios por ir en contra de la religión, es como negar la música por ir en contra del reggaetón.

❋

Si llegáramos a otros planetas, terminaríamos por destruirlos; pero primero corromperíamos las mentes y destrozaríamos a sus más valiosos habitantes. Eso hicimos con el planeta tierra y sus mujeres.

❋

Observar mucho, analizar en exceso, enfocarse en los detalles, cualidades positivas que en esta época pueden llevarte a la soledad.

❋

¿Para dónde vamos con las nuevas generaciones?:
- Quieren dinero sin trabajar
- Quieren éxito sin esfuerzo
- Quieren viajar sin planear
- Quieren Sexo sin comprometerse
- Quieren opinar sin saber
- Quieren enseñar sin aprender
- Quieren seguidores, sin tener a dónde ir
- Quieren recibir, sin tener que dar —ni siquiera tienen qué ofrecer—.
En otras palabras: quieren y no hacen; piensan en los beneficios, sin pensar en los sacrificios ¿Para dónde vamos?

¿Qué tienen en común: Dormir, triunfar, amar, ser felices? Que en estos días quienes quieren no pueden y quienes pueden no quieren.

# 6.	FRASES Y AFORISMOS DE LA COMPLEJIDAD HUMANA

El alcohol no exonera a un asesino de su culpa,
tampoco al infiel.

✻

Solo hay dos seres que pueden cambiar a una persona:
Dios y ella misma.

✻

Es la juventud la oportunidad de aprender, investigar,
experimentar; pero hasta en el más pequeño de los
experimentos, se pueden cometer errores que pesarán
toda la vida.

✻

La felicidad es una fuerza en movimiento, nunca dejes
de estar junto a ella.

✻

El destino no existe, pero tampoco existen las
coincidencias.

✻

Enamorarse del buen humor: 2 años; Enamorarse de
la inteligencia: 5 años; Enamorarse de la riqueza: 8
años; Enamorarse de la belleza: 10 años; Enamorarse
del alma: Eternamente.

✻

Si la verdad duele, la mentira mata.

✳

Una mentira puede ser incluso más grave que un asesinato; porque una mentira, además de matar la confianza, podría matar la Fe.

✳

El enemigo del hombre bueno, es el hombre malo. El hombre malo tiene como enemigos al hombre bueno, al malo y a él mismo.

✳

Las palabras que hablas de tu país, son las mismas que te definen a ti mismo.

✳

Existen estaciones en las que quizás paren todos los trenes, pero hay trenes que sólo pasan una vez por estación.

✳

¿De qué serviría la facultad para retroceder el tiempo, si no aprendemos a controlar primero el ritmo de nuestros pasos?

✳

La avaricia del humano es tan grande, que temerá
dejar lo que posee, aunque le haga infeliz.

*

Obedece a tu corazón y tendrás felicidad. Obedece a
tu cabeza y descubrirás la verdad.

*

Hoy, aquello por lo que lucharon durante toda su
vida miles de personas, sucumbió en minutos ante el
latir de la tierra y la exhalación del agua. Y tú ¿Estás
luchando por el verdadero tesoro de la existencia? O
también respiras, sueñas y vives por lo que el tiempo,
la naturaleza, la polilla y la herrumbre arrebatan.

*

La vida pública es el cielo de una noche estrellada:
Parece que te rodean miles de estrellas, que en
realidad están a millones de años luz.

*

Que insensato el ser humano: Procede mal y culpa a
Dios, elige mal y condena al amor.

*

El corazón es como una tiza, no importa que tan roto
esté, aún podrá marcar en los pizarrones de otras
vidas.

❋

¿Quieres el fin de la guerra en el mundo? El primer
paso, es que en tu mente y corazón haya PAZ.

❋

Nuestra alma nos advierte cuando estamos
caminando hacia el precipicio, siempre lo sentimos;
pero por alguna razón creemos que es más fácil
rellenar el abismo, cambiarlo de sitio o hacerlo
desaparecer, que cambiar de rumbo.

❋

A veces es preferible golpearte y mandarte al suelo,
que besarte y dejarte caer al abismo.

❋

Cuando no hay propósito, cuando no hay camino y
cuando además no hay vehículo, es el momento de
decir adiós.

❋

Jamás se debe confiar en quien te da la vida de día;
seguro te la reclamará de vuelta, durante noche.

❋

Quizás el ser humano sería mejor si comprendiera
que la vida no es el destino. La vida sólo es la
estación.

❋

Todas las crisis del mundo nacieron de la crisis de las
almas.

❋

Las guerras del mundo seguirán en aumento, mientras
cada ser humano continúe perdiendo las batallas de
su alma.

❋

Así cómo todo secreto sale a la luz, toda mentira sale a
la verdad.

❋

Aquellas personas a quienes quieres de verdad, sólo
ellas tienen el poder de destruirte de verdad.

❋

Una de las causas que llevará al ser humano a su
extinción, es darle más importancia a la influencia de
lo que le rodea sobre sí mismo, que a como él puede
influenciar sobre lo que le rodea.

✳

Curiosamente, quienes dicen haber estado en la "universidad de la vida", no están ni cerca de graduarse.

✳

Mucho mejor que llegar al destino, es el camino recorrido.

✳

No me molesta la gente que comete errores, entiendo su humanidad; me molestan los que son repitentes y reincidentes; pues no entiendo la estupidez.

✳

El demente posando en la cima del Everest, fue tentado a escalar Monserrate; y estando allí, en ese insignificante cúmulo de tierra, se dio cuenta que tan majestuoso y que tan lejos se encontraba lo más grande que una vez conquistó.

✳

El pasado es un equipaje que te acompañará por el resto de tu viaje. Procura que sea lo más liviano posible.

✳

Los grandes momentos no se miden por el tamaño del plan, la novedad del sitio, ni por el costo; se miden por el tamaño del espíritu, la calidad del ser y el valor de las personas que los viven junto a ti.

✸

Que aquel ser reflejado en el espejo, sea el mismo que ven los ojos de los demás y los ojos de Dios. Eso es sinceridad.

✸

Una cosa es tener el Corazón Grande y otra muy diferente es tener el Cerebro Pequeño.

✸

Nadie sabe lo que tiene hasta que lo pierde... pero nadie pierde lo que tiene, si es lo que realmente quiere.

✸

Un tesoro disponible al alcance de cualquiera, seguramente no tiene valor.

✸

Deliciosa es la fruta, mientras se ignora el gusano.

✸

"Hacerse el bobo" es un lujo que sólo pueden darse
los inteligentes; sin embargo, "hacerse el inteligente",
también.

✻

Dejar ir cuando se debe dejar ir, es ser Fuerte. Pero no
volver a dejar entrar, nunca más, a quien se quiso ir, es
ser extraordinariamente Fuerte.

✻

Todas las personas tienen un propósito en tu vida;
incluso enseñarte con qué tipo de personas es mejor
no volver a tratar nunca jamás.

✻

Hay una gran diferencia entre conocer el valor de algo,
tener lo suficiente para asumir ese valor y estar
dispuesto a asumirlo.

✻

Lo triste de tener a alguien que te quita el sueño, es
que se lo lleva completo, cuando se va.

✻

El perdón es más un alivio y una bendición para
quien lo entrega, que para quien lo recibe.

✻

El tiempo no cura las heridas. El tiempo simplemente
te hace olvidar lo mucho que duelen.

✻

No es cierto que el bien y el mal conviven
simultáneamente en nuestro interior. Delante de cada
persona siempre habrá dos opciones, dos caminos; lo
que llevamos dentro y lo que somos, depende de cuál
de los dos elijamos.

✻

Amo la polémica, no la que se presenta entre
personas, sino la que surge de enfrentar tus propios
criterios y sentimientos.
No hay mayor verdad que la concebida por tus
propias contradicciones.

✻

Las personas que no soportan estar solas o solteras
por varios meses, tienen mayor probabilidad de
quedarse solas o solteras por toda su vida.

✻

Procura no hablar de otras personas, ni siquiera bien.

✻

Todo lo malo envicia; incluso, la maldad misma.

He conocido policías ladrones, políticos corruptos, médicas infieles, psicólogas ninfómanas, altruistas narcotraficantes. Las cosas buenas que hacemos no nos hacen buenos, pero las cosas malas que hacemos sí nos hacen malos.

Ingenuidad NO es imbecilidad; al contrario, una persona inteligente, siempre optará por ser buena.

Condición de los Seres humanos frente a Dios:
Quienes creen que nada tienen preguntan: ¿Dónde está?
Les da talento y lo desperdician en vicios. Les da belleza y la prostituyen. Les da inteligencia y lo niegan. Les da riqueza y lo olvidan. Cuando lo pierden todo, lo maldicen.

La educación centra gran parte de su esfuerzo en enseñar a leer y escribir. Los padres invierten años de su vida para que sus hijos aprendan a hablar. Lamentablemente, nunca invertimos tiempo ni nos preocupamos por aprender a escuchar.

Éste sería un mundo mejor si aprendiéramos a repudiar el pecado, no al pecador; si se refutara la idea, no al que la ideó; si buscáramos castigar los actos, mas no a su actor.

❀

La violencia es inherente al ser humano, al igual que el amor. Nuestra vida tendrá caídas, tormentas, obstáculos y enemigos que nos atacarán con violencia, y si no estamos preparados para luchar y seguir adelante, no triunfaremos en ella. En este sentido: "la violencia es para vivir con nosotros mismos y el amor para vivir con los demás.

❀

Revelar un secreto no acaba con una vida. Los actos deliberados y vergonzosos que pretenden esconderse por siempre, sí.

❀

No le tengo miedo a la muerte, su llegada es natural e inevitable. Le tengo miedo a la vida, por no haber cumplido su misión o no haberla disfrutado suficiente, cuando llegue la hora de la partida.

❀

Cruel y sabia muerte, cobras una vida entera a cambio de una miserable porción de verdad.

Muchas personas enojadas con Dios por la muerte de un ser querido, como si el mundo estuviera lleno de seres inmortales, como si todos entendiesen el objetivo de su destino.

No somos los dueños de nuestra vida; pero sí somos los administradores.

De tanto doblar la rama, termina por romperse.

Lo trivial y lo esencial, están estrechamente ligados y forman parte de un todo.

Me creí excesivamente feliz; pero no existe tal cosa como el exceso de felicidad.
Todo exceso significa implícitamente la escasez de ese algo en otros y no es posible, ni ético, ser feliz a partir de la tristeza ajena.

En una época vencías al dragón, entrabas a la habitación y salvabas a la princesa. Hoy, detrás de la

puerta te esperan habitaciones vacías, princesas
muertas o criaturas más perversas que el mismo
dragón. Y desde entonces, dejó de valer la pena luchar
por amor.

❋

Que triste y dolorosa sería la muerte sin haber salvado
una sola vida, sin haber salvado una sola alma.

❋

No creo en el Destino. Pero veo a muchos dando
vueltas y tomando los caminos más largos hacia lo
irremediable.

❋

7. FRASES Y AFORISMOS PERSONALES DEL AUTOR

Con certeza siempre viviré en soledad; pero nunca
moriré en el olvido.

❀

¿De que sirven mil conocidos, con pocos amigos?
¿Para qué cien mujeres, con ningún amor? ¿Para qué
otro año sin un corazón?

❀

Con fobia a la soledad y alergia al compromiso ¿Existe
alguna cura?

❀

¿De qué sirve tener una mente frondosa, con un
desierto en mi corazón?

❀

Yo no caí del cielo, pero sí puedo llevarte hasta él.

❀

Yo no vine al mundo a cambiar vidas; pero si llego a
una vida, te aseguro que cambiaré su mundo.

❀

Muchos sueñan con hacer de todo, yo sueño con ser el
mejor en todo.

❀

¿Quieres ser feliz con un hombre? Entonces nunca lo
compares conmigo.

❋

Un corazón que late por y para la humanidad, jamás
será posesión de una sola persona.

❋

A veces miro al mundo y pido perdón a Dios; porque
seguro es pecado ser tan Feliz.

❋

Si me voy de este mundo y no puedes recordar algo
que aprendiste de mí o un acto mío de bondad hacia
ti; entonces, habré vivido en vano.

❋

No quiero irme de este mundo sin ser recordado por
cambiarlo; pero si al menos una sola persona me
recuerda por cambiar su mundo, moriré en paz.

❋

Sé que algún día moriré; por eso mi venganza es vivir
muy bien.

❋

No me atrae el hecho de enamorar a todas las mujeres; cambiaría eso por, algún día, enamorarme de una mujer.

✳

De todas las estrellas del universo, me aferré a la que más cerca estaba de apagarse: A mí mismo.

✳

Y si me voy mañana, jamás diré que no existe el amor, ni confesaré que soy incrédulo ante él, simplemente: Nunca le conocí.

✳

Siempre creí en el amor verdadero, ese que me contaban: se construía ladrillo a ladrillo, nacía de la admiración y prevalecía por siempre. No diré que jamás existió, simplemente diré que no era para mí. Diré que la mía, era otra misión.

✳

Si alguna vez me preguntan: ¿Por qué daría mi vida por un mundo que no lo merece? Diré: Porque merezco un mundo por el cual sacrificarla.

✳

No sé si existas, no sé si te encontraré; pero tengo tranquila mi conciencia: Te creí, te busqué y te soñé.

✳

Soy como el Puerco-Espín, jamás busco guerras; pero aténgase a las consecuencias quien procure pisarme.

✳

Mi interés en practicar un arte marcial no está en ponerle un color a mi cinturón, lo hago por el color que pone a mi vida. Así como todas las demás ramas del arte, saca lo que soy como ser humano y me hace mejor en todas las dimensiones.

✳

Tres reglas principales rigen mi vida: 1. No te quedes con ganas de hacer algo. 2. Haz ese algo como si fuera la última vez. 3. No pisotees a otros para cumplir la regla 1.

✳

Alguien me dijo que dejará de soñar en un mundo mejor y que pensara sólo en mi felicidad; tiene razón, sólo que mi felicidad es un mundo mejor.

✳

Toda mi vida soñé con cambiar el mundo, hacer algo bueno por él, dejar un mensaje; mas me desvié por caminos errantes, egoístas y de placeres vanos. A veces me pregunto: Si acaso soy un ser bueno que finge ser malo o si tal vez soy un ser malo que finge ser bueno.

※

Fue tan grande la inspiración, que se alojó dentro de mí. Y la inspiración expira en la exhalación de dicha idea; por eso hoy no tengo qué decir.

※

Yo sólo quería dejar mi huella. De corazón anhelé mejorarlo todo, poco importa si no fue mi vida la más bella; porque la viví, a mi modo.

※

El arte relaja, transporta y salva. El arte es una porción de cielo en la tierra.

※

Me muevo entre extremos: luz completa, total oscuridad; blanco claro, negro oscuro; bondad inocente, cruel maldad; reflejo de vida y espejo de mortandad ¿Cuándo tendrá equilibrio mi alma? ¿Dónde está esa mitad, que guarda mi calma?

※

No es que hable poco, lo que pasa es que escucho mucho.

✳

He llegado al punto de mi vida en que la única forma que alguien podría insultarme es: brindándome una cerveza caliente o un vino tinto frío.

✳

A veces, siento que no encajo, que me perdí, que no soy de aquí. Estoy Fuera del tiempo, del espacio y la razón; menos mal nunca me faltan anclas: mis amigos, el arte, mi familia y Dios.

✳

De las mujeres disponibles en el mundo, la mitad no se me acerca porque me considera poca cosa. La otra mitad, no se me acerca porque me considera imposible.

✳

Según las mayores de 50 años, soy el hombre ideal y para las menores de 18 años, soy irresistible ¿Nací en la época equivocada?

✳

Suelo ser el mejor en todo lo que hago; por eso, quienes me consideran amigo, tendrán al mejor de los amigos y quienes me colocan de enemigo, vivirán su más temible pesadilla.

❋

Cuando un ex quiere volver, es porque ninguna otra mujer quiso tener sexo con él. Cuando una ex quiere volver, es porque los otros sólo quisieron tener sexo con ella.

❋

Me critican porque digo todo lo que pienso y la mayoría de veces lo que digo es visto como socialmente incorrecto, ofensivo, frío o sin diplomacia. Los que son mis amigos, están conmigo porque saben que siempre les diré la verdad y todo lo digo con fines de crecimiento y optimización. Prefiero, al igual que ellos, la cruda honestidad a la falsa diplomacia.

❋

Se enamoró de mi cuerpo, pero no le gusta que haga ejercicio; se enamoró de mi inteligencia, pero no está de acuerdo con que trabaje y estudie tanto; se enamoró de mi cultura, pero odia que lea todo el tiempo; se enamoró de mis principios, pero dice que paso mucho tiempo con mi familia.

¿Quieres ser feliz? Enamórate de los procesos y no de
los resultados.

✻

No soy músico, escritor, dibujante, poeta, ni tampoco
soy el mejor de los actores; soy tan sólo un loco que
quiere verte sonreír y cambiar el mundo con poemas,
libros y canciones.

✻

Decidí ser escritor en un mundo donde nadie lee,
soñador en un mundo donde nadie duerme y
romántico en un mundo donde nadie ama.

✻

Fui despreciado porque no tenía más que ofrecer que
fidelidad, felicidad, amor por siempre y vida eterna.

✻

Ya no confío...
Me aterran tantas mujeres falsas, infieles,
contaminadas, repletas de abrojos.
Por eso me refugio en las letras,
tan puras o tan depravadas
según el fiel dictado de mis antojos.

✻

No le tengo miedo a la muerte, pero sí a una vida sin
calidad, sin placeres o sin propósito.

❋

He cometido muchos errores en mi vida, el peor de
ellos fue pensar que podía compartirla con alguien
más.

❋

Qué triste sería marcharme de este mundo y no ser
quien debía ser, quería ser o podía ser.

❋

He pensado muchas veces dejar de escribir, de cantar,
de trabajar y hasta de vivir, porque alguien me ha
dicho en algún momento que no hago estas cosas
bien. Entonces me doy cuenta que quizá tienen razón;
pero tengo por seguro que si hay algo que hago bien
en esta vida es nunca rendirme.

❋

Antes de irme, no quisiera evocar las veces que fui
feliz; sino los momentos en que produje sonrisas en
bocas ajenas.

❋

Quisiera enamorarme; pero soy víctima de "la soledad", una mujer celosa, manipuladora, embriagante, cautivadora y sobretodo: muy fiel.

❀

No me rindo. Tengo por esperanza y como consuelo que la otra vida será mejor.

❀

Cuando ellas empezaban a buscar la manera de quedarse, yo comenzaba a buscar la manera de marcharme y así, un día cualquiera, me quedé sin a dónde ir.

❀

Mi miedo al fracaso nada tiene que ver conmigo. Está asociado con aquellos que creen y confían en mí, con aquellos que consideran que tal vez soy bueno en algo. Si fracaso, haré fracasar su confianza y su esperanza y concluirán, inevitablemente, que apostaron a la persona incorrecta. ¿Quién puede vivir con el precio del verdadero fracaso?

❀

No tengo qué opinar respecto del amor, detesto hablar de los desconocidos y de los ausentes.

❀

No aspiro a inundar mi funeral con asistentes, ansío
desbordar de gratos recuerdos todas las mentes.

✺

La inteligencia de un personaje ficticio, nunca podrá
superar a la de su creador.

✺

La literatura es un trabajo que se fructifica en soledad.
Pido a Dios que dirija mi mano para que mi mensaje
llegue a millones de personas y entonces, valdrá la
pena marcharme solo.

✺

Siempre soñé con un millón de voces aclamándome y
con millones de manos aplaudiéndome. Ahora sólo
quiero la certeza de tu susurro de alivio y tus manos
entre las mías...
en la hora de mi partida.

✺

Cuando no estoy trabajando, estoy escribiendo.
Si no estoy escribiendo, estoy dibujando.
Cuando no estoy dibujando, estoy componiendo.
Si no estoy componiendo, estoy entrenando.
Mas cambiaría mi rutina y mi tiempo,
por saber y sentir lo qué significa un minuto, amando.

*

¡Escribir es una labor fascinante! Mientras escribo, voy creando mundos y personajes cuyo final, lo escriben ellos por sí solos. Las historias que cuentan, terminan escribiendo mi propia vida.

*

8. DEL ARTE A LA IRREVERENCIA

Leche deslactosada, cerveza sin alcohol, café
descafeinado y sexo sin amor.

※

Besó tantos sapos, que se convirtió en uno de ellos.

※

Podrás besar los sapos que quieras, pero jamás verás a
un tigre comiendo moscas.

※

Un verdadero príncipe aborrece los labios
contaminados con sapos.

※

Besó tantos sapos hasta que un día, mágicamente, sus
labios se llenaron de verrugas.

※

Mi sueño es encontrar una mujer de buenos
principios, a quien concederle muchos buenos finales.

※

Quien a buen árbol se arrima, más mierda de pájaro le
cae encima.

※

La puntualidad es una virtud característica de todos los desocupados.

❋

La clase no se logra con dinero, ropa, ni cirugías; es 20% cuna, 25% los años de buena educación y 55% las décadas de fortalecimiento espiritual.

❋

Ella me dijo con odio que yo no valía la pena ni como amigo, tan sólo unos segundos después de decirle con amor: que yo no aceptaba ser su novio.

❋

La presión social también se puede medir en *Bares*.

❋

¡No te confundas! Quienes simpatizan con tus creencias e ideales, tanto como para batallar a tu lado, se llaman "SEGUIDORES", en su mayoría: inspirados. Quienes dan *like* a tus fotos desnuda, se llaman "FISGONES", en su mayoría: Depravados.

❋

Que tristeza las nuevas generaciones: "Niños con la cabeza llena de cucarachas y Niñas con la cucaracha llena de cabezas".

✳

Si quisiera, podría levantarme hoy y conquistar el mundo; pero mejor duermo cinco minuticos más.

✳

A todos los hombres que me preguntan cuál fue la historia entre su actual amor y yo, suelo darles dos regalos para que vivan felices: la ignorancia y el olvido.

✳

Ella me movió el piso, me dejó sintiendo mariposas en el estómago, me dejó mudo. Y así: caído, cagado y sin poder gritar para pedir auxilio, me dejó.

✳

En mi larguísima vida he visto todo tipo de cosas y situaciones: Milagros, OVNI's, vampiros, fantasmas, demonios, brujas, personas con habilidades sobrenaturales; pero nunca, nunca he visto a una mujer aceptar sus errores en el amor.

✳

—¿Cómo te gustan los pechos?
—Que alberguen un bonito corazón. Ojalá existiera la "*almoplastia*", o un implante "*almar*"; es mejor ver buenos corazones que buenos pechos.

✻

Aun así, dueño de un poder inconmensurable,
prefiero negarlo y caminar entre los simples mortales,
para demostrarles que sin habilidad o virtud especial
alguna, es posible ser feliz entre su frivolidad natural;
siendo el mejor trabajador, el mejor amigo, el mejor
amante e incluso, el mejor ser humano.
Atentamente: Clark Kent.

✻

La demencia de una mujer se puede medir en *Selfies*.

✻

Si un hombre te dice linda, está admirando tu rostro;
si te dice sexy, está mirando tu cuerpo; si te dice
hermosa, está contemplando tu corazón. En
cualquiera de los tres casos, ese hombre te quiere en
su cama.

✻

Lo siento pero no puedo ser lo que el doctor te recetó.
Subir la temperatura, aumentar la tensión, matar de
alegría, es mi contraindicación.

✻

Hay momentos de la vida en que uno ya no sabe si lo
dejó el tren o si le pasó por encima.

❄

¡Mujeres sean realistas! El 50% de los hombres son homosexuales, el 30% sólo quieren sexo por una noche y sin compromiso, 10% ya son viejos verdes, 5% están casados y el resto: románticos, fieles y "machitos", estamos bien feos.

❄

Hasta para hacer cosas malas, hay que hacerlas bien.

❄

9. POEMAS

<u>MI CORAZÓN</u>

Mi corazón no tiene pies,
Pero está cansado de transitar caminos de tristeza
Fúnebres senderos de viudez
Vestigios carentes de esperanza y de belleza

Mi corazón no tiene ojos,
Mas mira claramente el rastro de la ausencia
¡Cuánta oscuridad producen los abrojos!
¡Cuánta fealdad se oculta en las conciencias!

Mi corazón no tiene labios
Exhausto se encuentra de tantos besos,
Besos falsos, secos y agrios
De bocas frías con besos traicioneros

Vacío está mi corazón
Renunció el espíritu, desertó la nobleza
Irónica resulta hoy aquella expresión:
El corazón es la única y verdadera riqueza.

Ya no queda ilusión para mi alma
Me encuentro cansado, ciego y vacío
No hay en el mundo labios que regresen a mí la calma
y no quiero tenerte más en mí…
corazón mío.

LA ÚLTIMA NOTA

Lo siento, nunca pude volar
Nunca pude ser un ángel en el cielo
No pude el mundo cambiar
y ni siquiera hallé un consuelo.

¿Dónde encontraré ahora la felicidad?
¿Aún existe el amor o es todo suerte?
pues cada respiro en mí es adversidad
y el mundo me seduce hacia la muerte.

No daré un paso atrás, aún quiero luchar hasta el fin
Sólo un último salto me separa de tocar el viento
Así entonces seré por siempre feliz
Cuando mis labios te besen, eterno y tibio...
pavimento.

LA VIDA EN MI COPA

Este trago no es mío
A este brindis no fui invitado,
Aun así sostengo la copa en mi mano,
robando impune un sorbo de ambrosía.
Me preguntarás mañana por qué usurpé este cáliz,
¿Por qué reposa entre mis dedos la copa vacía?
Y no sabré responder por qué en mi desenfreno,
de un sólo sorbo
Me bebí la vida.

CUANDO LLEGUE MI HORA

Y cuando llegue mi hora
No quiero canciones, ni flores, ni llantos
No quiero lamentos,
Ni anhelo quebrantos.

Canta conmigo ahora que tengo vida
Camina de mi mano, elegantemente vestida
Guarda mis palabras y mi mensaje en tu recuerdo
Para que nunca sintamos, que ahora estoy muerto.

No existe en el mundo
Peor muerte que el olvido
Sonríe al pensarme y así mi vida
tendrá sentido.

AÑORANZA

Carcome profundo la añoranza
Cuando recuerdo que vencí en más de mil combates
Todo en mi vida era gozo, esplendor y bonanza
Riqueza, poder,
excesos y amantes.

Carcome profundo la añoranza
Porque en mí ahora sólo queda el recuerdo, la miseria
y el dolo
Tuve cientos de aventuras, sueños y esperanzas
Y ni siquiera las podré contar...
Pues moriré solo

A LA MUJER

Tan frágiles y tan fuertes,
tan hermosas y tan guerreras,
tan maduras y tan ingenuas
de la gracia de la vida son coherederas.

Ni el infinito universo,
ni las estrellas con su esplendor,
Ni el paisaje más excelso
Podrían superarla...
como mejor creación.

LA MELANCOLÍA DEL "CUMPLEAÑERO"

Hoy no sé si estoy más vivo o estoy más muerto
Ignoro si tengo un año más o menos tiempo
Con cada nuevo tic-tac, me hago viejo
Con cada paso en el camino, estoy más lejos.

Irremediable y triste es de la vida el destino
Y ojalá tuviesen todos, mi consolación en su sendero
Pues cada vez que rio, recuerdo que respiro
Con cada momento a tu lado, olvido que me muero.

HOMENAJE

No tengo nada que ofrecerte
Aun si pudiera arrancar con mis manos todas las
estrellas
Es tanta la luz que tu alma resplandece
Que opacarías el brillo de todas ellas

No tengo nada para darte
Cuando yo podría colocar el mundo entre tus manos
Pero has hecho tú del universo una obra de arte
¿Cómo hace feliz a una diosa, un humano?

Yo tengo todo en la vida
Y no sé cómo brindarte un digno homenaje
Sigues siendo de Dios la preferida
Me resta desearte: felicidad, éxitos y muchos viajes.

OLVIDÉ

Olvidé lo que es despertar cada mañana ilusionado,
ya no sé cómo grabar en una carta o poema mi
corazón;
al cantar ya no hay sentimientos inspirados
y al besar lo hago con la razón.

Olvidé lo que es sentir vergüenza al mirar unos ojos
con ensoñación;
porque de aquel loco, soñador, enamorado,
sólo quedó…
la enajenación.

LA MELANCOLÍA DEL HOY

Anoche soñé que era joven, extasiado en oro,
desbordado de mujeres
no había imposible para mí,
pues lo podía todo.

Mas hoy desperté viejo, pobre, enfermo y sobrio
Sin otro destino para mí,
Que morir solo.

<u>**MUJER IMPOSIBLE**</u>

En un tiempo la soñaba: fiel, inteligente, elegante,
creativa, hogareña, luchadora, femenina, espiritual y,
por supuesto, muy hermosa.
Me decían: ¡Loco estás! ¡No existe tal cosa!

Después de recapacitar, deseé que ella fuese fiel
solamente.
Me gritaban: ¡La fidelidad no existe! ¡Qué demente!

Por eso ahora soy un ser que carece de sueños y que
del amor, sólo le queda el dolo.
Hoy murmuran por la calle: ¿quién lo creyera?
¡Mírenlo ahí…
Solo!

MÚSICA, ARTE Y MAGIA

Te mueves entre la etérea canción de las horas
Te deslizas con gracia en cada nota que interpreta el
cosmos
El sonido y la luz con tu baile devoras
En tus movimientos se oculta el misterio de quienes
somos.

Nunca dejes de danzar con el ritmo del presente
Ni la melodía de felicidad que tu cuerpo presagia
Pues cuando el silencio a tu alrededor se hace ausente
Eres toda música, arte y magia.

OLVIDÉ DECIRTE AYER

Olvidé decirte ayer
Que estabas preciosa, etérea, inefable
Olvidé decirte ayer
Que cuando te veo pierdo la fuerza, me vuelvo un
cobarde
Y no es el miedo o impotencia quienes impiden que
te hable
Sino el fuego que en mi generas, que abrasa mi cuerpo
y en mi espíritu arde.

Olvidé decirte ayer
Que me es imposible dejar de mirarte
Olvidé decirte ayer
Que ya no puedo vivir sin la fragancia que tu piel
emana
Y como olvidé decirte ayer, cómo en mi hoy te haces
arte
Vine a decirte de una vez, lo que olvidaré mañana.

10. RIMAS DE CONQUISTA

<u>1</u>

Son tus ojos una luz en el mundo
Son tus labios toda una ensoñación;
Cuando despiertas hay esperanza en el rumbo
Si sonríes, sueño con uno mejor.

<u>2</u>

Te sueño todas las noches,
Pues en mi almohada guardo tus memorias
Te evanesces en mi mente con derroche
Me exacerbo en mi letargo con tu gloria
Mas vendrá el día en que no serás un sueño
Y si estoy dormido será eternal
Entonces no sabré si eres una realidad de ensueño
O una fantasía que se siente muy real.

<u>3</u>

No sé cuántos años tiene el universo
Ni cuánto tardó en formarse la tierra y el mar
Sólo sé que año tras año inspiran mis versos
Tu inmensa sonrisa y eterno mirar.

<u>**4**</u>

No importa si transcurre un año o cien
Qué importa si pasa un siglo o un milenio
Más hermosa que tú no habrá quién
De sonrisa eternal y brillo sidéreo

Un día como hoy se manifestó la eternidad
Y concibió de las estrellas un halo de reminiscencia
Para llenarnos la vida de felicidad
Para hacerla mejor, con tu presencia.

<u>5</u>

En tan sólo una noche te volviste el motivo de mis
días
Ocupando hasta el último rincón de mi memoria,
o me enseñas a olvidarte y curas mi agonía
O me dejas amarte
y eternizas nuestra historia.

<u>6</u>

Mi único punto débil, mi mayor defecto, mi adicción
A veces no discierno si eres realidad o ficción
Pues nada prevalece en mi mente como tú,
desde el albor al anochecer
Eres mi todo y mi nada
Divina mujer.

ÍNDICE